AF481256

Nudo

Çıplak

Italiano-Turco

Libro illustrato bilingue per bambini

Richard Carlson

Suzanne Carlson

© copyright 2023 Richard Carlson
Illustrations © copyright 2023 Suzanne Carlson

All rights reserved.

The author would like to thank the illustrator and translators for their help.

I miei due fratelli minori, Michael e Steven, ed io stavamo lottando in un'enorme, densa e profonda pozzanghera di fango nel nostro cortile. Poi, è arrivata l'ora di cena.

La mamma è entrata nel cortile sul retro e ha detto: "Spogliatevi che vi lavo".

İki küçük erkek kardeşim, Michael ve Steven ve ben arka bahçemizde kocaman, kalın ve derin bir çamur birikintisinde güreş yapıyorduk. Sonra akşam yemeği vakti geldi.

Annem arka bahçeye girdi ve "Kıyafetlerinizi çıkarın, sizi hortumla yıkayacağım" dedi.

Michael e Steven si sono tolti tutti i vestiti, ma io ho lasciato le mutande.

"Togliti le mutande", ha detto la mamma.

Michael ve Steven bütün kıyafetlerini çıkardılar ama ben iç çamaşırımı çıkarmadım.

"İç çamaşırını çıkar,." dedi annem.

Mi è venuto un nodo in gola. Sarah, una ragazza della mia età, abitava nella casa accanto.

Sarebbe stato già abbastanza brutto per una ragazza vedermi in mutande, figuriamoci vedermi nudo. Sentivo il cuore che mi batteva in gola.

Çok büyük bir stres içine girdim. Benim yaşlarımda bir kız olan Sarah yan evde oturuyordu.

Bir kızın beni çıplak görmesi bir yana, beni sadece iç çamaşırımla görmesi bile yeterince kötü olurdu. Kalbimin boğazımda attığını hissettim.

"Non voglio", risposi, accigliato e indicando la casa accanto alla nostra. "Sarah potrebbe vedermi nudo".

"İstemiyorum." diye yanıtladım kaşlarımı çatarak ve hemen yandaki evi işaret ederek. "Sarah beni çıplak görebilir."

"Va bene, puoi lasciartele addosso", ha risposto la mamma con un grande sorriso. Ho sentito il mio stomaco nervoso e tremante tornare alla normalità.

"Tamam, o kalabilir." diye yanıtladı annem kocaman bir gülümsemeyle. Karnımdaki gergin, heyecanlı hissin tekrar normale döndüğünü hissettim.

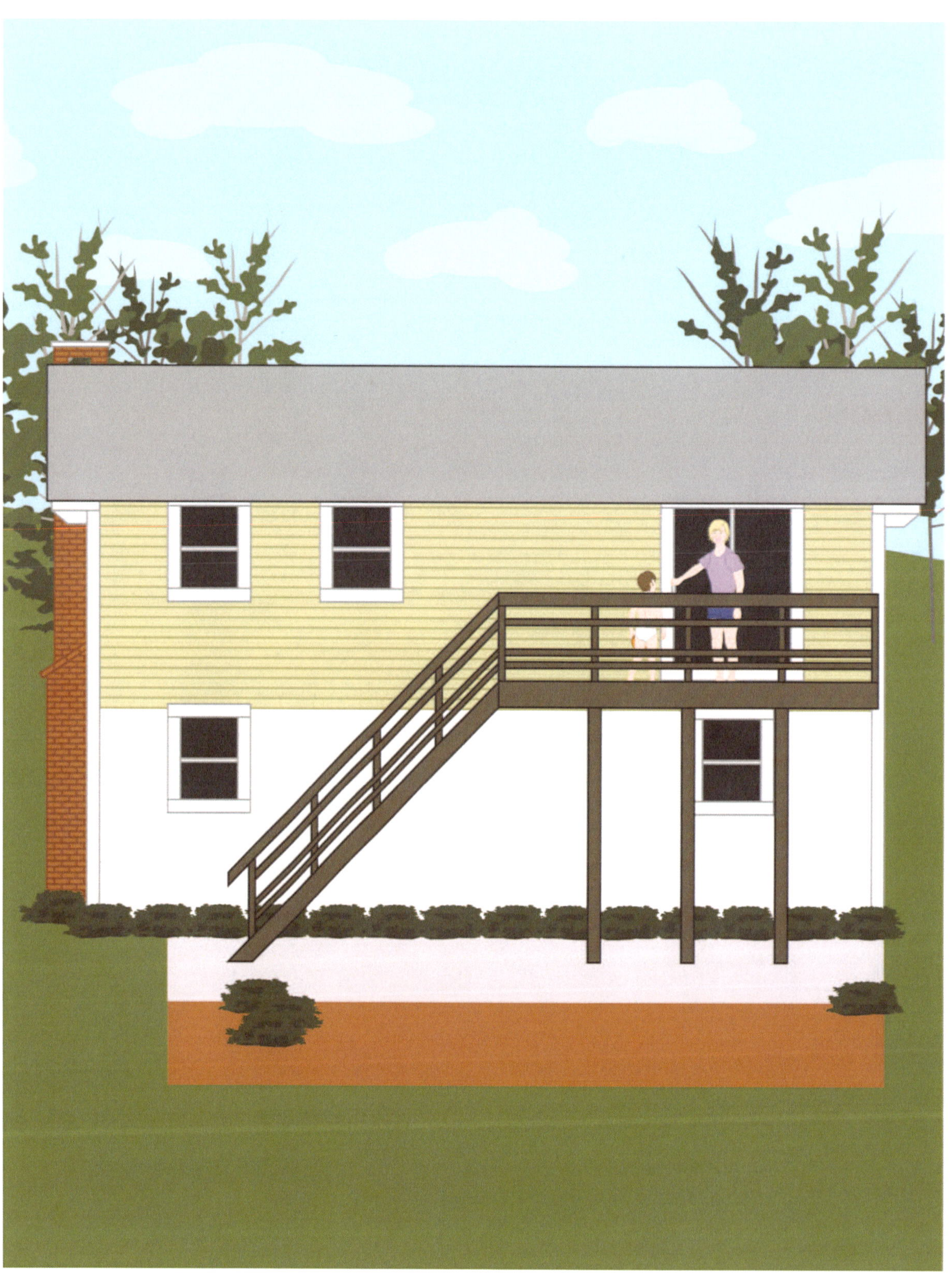

La mamma mi ha spruzzato per lavarmi, poi abbiamo salito le scale fino al pianerottolo e siamo entrati attraverso la porta scorrevole.

Annem üzerime su püskürttü ve sonra merdivenlerden çıkıp güverteye çıktık ve sürgülü kapıdan içeri girdik.

Dentro, mi sono sentito al sicuro, allora mi sono tolto le mutande. I miei fratelli ed io andammo velocemente, nudi, nelle nostre camere da letto e ci vestimmo di fresco.

Sono così felice di aver detto alla mamma come mi sentivo!

İçeride kendimi güvende hissettim, bu yüzden iç çamaşırımı çıkardım. Erkek kardeşlerim ve ben çıplak olarak yatak odalarımıza koştuk ve temiz giysiler giydik.

Anneme nasıl hissettiğimi söylediğim için çok mutluyum!

Informazioni sul libro: Richard è un ragazzo molto timido, sensibile e fantasioso. Non c'è niente di più imbarazzante per lui di essere visto nudo da una ragazza. La mamma capirà la sua situazione e lo aiuterà a uscire dalla situazione scomoda in cui si trova? Basato su una storia vera accaduta a Stormville, nello stato di New York, USA, intorno al 1979.

L'autore: Richard Carlson Jr. è un autore di libri bilingui per bambini. www.richardcarlson.com

L'illustratrice: Suzanne Carlson, artista dotata di un talento poliedrico, si diverte a creare un'ampia gamma di progetti. www.suzannecarlson.com

www.ingramcontent.com/pod-product-compliance
Lightning Source LLC
Chambersburg PA
CBRC090749110726
48005CB00008B/1021